IMÁGENES DE PORTADAS:

Woman makes coffee.
© danr13 - Fotolia.com

Europa Flaggen Fahnen Set
Buttons Icons Sprachen 8
© sunt - Fotolia.com

TRILINGUAL CONVERSATION GUIDE SPANISH-ENGLISH-LATVIAN

- Trilingüe guía de conversación español-inglés-letón

DOMINGO RUIZ AGUILERA

Traducciones:
SUSAN DOUGLAS
LIENE SALZIRNE

-Otros TEMAS de conversación:

   - Other topics of conversation:

   - Citas temas saruna:

 -Animales:

   - Animals:

   - Dzivnieki:

Me encantan los animales.

   I love animals.

      Es milu dzivniekus.

Moluscos.

   Molluscs.

      Gliemji.

Pulpo.

Octopus.

Astonkajis.

Mejillón.

Mussel.

Midiju.

Ostra.

Oyster.

Oyster.

Caracol.

Snail.

Gliemezis.

Cangrejo.

Crab.

Krabis.

Calamar.

Squid.

Kalmars.

Almeja.

Clam.

Clam.

Mosca.

Fly.

Fly.

Grillo.

Cricket.

Cricket.

Gamba.

Prawn.

Garnelu.

Mariposa.

Butterfly.

Taurinš.

Hay muchas mariposas bonitas por aquí.

There are many beautiful butterflies here.

Ir daudzas skaistas taurini šeit.

Mariquita.

Ladybird.

Ladybird.

Mosquito.

Mosquito.

Mosquito.

Escarabajo.

Beetle.

Beetle.

Araña.

Spider.

Spider.

Mirad al suelo por si os muerde algún escorpión.

Watch out for scorpion bites.

Uzmanies no skorpionu kodieniem.

Abeja.

Bee.

Bee.

Cucaracha.

Cockroach.

Tarakans.

Hormiga.

Ant.

Ant.

Insectos.

Insects.

Kukaini.

Hay todo tipo de insectos.

There are all kinds of insects.

Ir visas kukainu veidiem.

Tarántula.

Tarantula.

Tarantula.

Saltamontes.

Grasshopper.

Sienazis.

Avispa.

Wasp.

Lapsene.

Salmón.

Salmon.

Lasis.

Trucha.

Trout.

Trout.

Bacalao.

Cod.

Mencas.

Rana.

Frog.

Varde.

Reptiles.

Reptiles.

Rapuli.

Las tortugas son mis animales favoritos.

The turtles are my favorite animals.

Brunurupuci ir mani milakie dzivnieki.

Boa.

Boa.

Boa.

Lagarto.

Lizard.

Kirzaka.

Serpiente.

Snake.

Snake.

Cocodrilo.

Crocodile.

Krokodils.

Aves.

Birds.

Putni.

Cigüeña.

Stork.

Starkis.

Cisne.

Swan.

Gulbis.

Avestruz.

Ostrich.

Strausu.

Gorrión.

Sparrow.

Sparrow.

Gaviota.

Seagull.

Kaija.

Lechuza.

Owl.

Puce.

Golondrina.

Swallow.

Norit.

Pelicano.

Pelican.

Pelikans.

Perdiz.

Partridge.

Partridge.

Loro.

Parrot.

Papagailis.

Pingüino.

Penguin.

Penguin.

Canario.

Canary.

Canary.

Pollo.

Chicken.

Vistas.

Oca.

Goose.

Zoss.

Ruiseñor.

Nightingale.

Nightingale.

Faisán.

Pheasant.

Fazans.

Codorniz.

Quail.

Paipala.

Pato.

Duck.

Pile.

Pavo.

Turkey.

Turcija.

Creo que es un halcón.

I think it's a hawk.

Es domaju, ka tas ir vanags.

Paloma.
Dove.
Dove.

Águila.
Eagle.
Erglis.

Gallina.
Hen.
Vistu.

Guacamayo.
Macaw.
Papagailis.

Gallo.
Cock.
Cock.

Buitre.

Vulture.

Vulture.

Mamíferos.

Mammals.

Ziditajiem.

Liebre.

Hare.

Zakis.

Oso.

Bear.

Bear.

Marmota.

Marmot.

Murkškis.

Pantera.

Panther.

Panther.

Murciélago.

Bat.

Bat.

Rinoceronte.

Rhinoceros.

Rhinoceros.

Yegua.

Mare.

Mare.

Oveja.

Ewe.

Ewe.

El lince tiene una gran vista.

The lynx has a great sight.

Lusis ir liels redzi.

Vaca.

Cow.

Govs.

Tigre.

Tiger.

Tiger.

Toro.

Bull.

Bull.

Ballena.

Whale.

Valu.

Rata.

Rat.

Žurka.

Ratón.

Mouse.

Mouse.

Mono.

Monkey.

Monkey.

Perro.

Dog.

Suns.

Nutria.

Otter.

Otter.

Búfalo.

Buffalo.

Buffalo.

León.

Lion.

Lauva.

Leopardo.

Leopard.

Leopards.

Cabra.

Goat.

Goat.

Lobo.

Wolf.

Vilks.

Los gatos siempre han sido mis animales preferidos.

Cats always have been my favorite animals.

Kaki vienmer ir bijuši mani milakie dzivnieki.

Gorila.

Gorilla.

Gorilla.

Hipopótamo.

Hippopotamus.

Nilzirgs.

Camello.

Camel.

Camel.

Castor.

Beaver.

Beaver.

Cerdo.

Pig.

Cuku.

Ciervo.

Deer.

Deer.

Foca.

Seal.

Seal.

Gacela.

Gazelle.

Gazelle.

Cebra.

Zebra.

Zebra.

Comadreja.

Weasel.

Zebiekste.

Conejo.

Rabbit.

Rabbit.

Caballo.
Horse.
Zirgs.

Elefante.
Elephant.
Zilonis.

Erizo.
Hedgehog.
Ezis.

Ardilla.
Squirrel.
Vavere.

Delfín.
Dolphin.
Delfins.

-Plantas:

   - Plants:

    - Augi:

Me gusta mucho la botánica.

  I really like botanics.

   Man tiešam patik botanics.

Hierba.

  Herb.

   Herb.

Musgo.

  Moss.

  Moss.

Dalia.

  Dahlia.

   Dahlia.

Amapola.

Poppy.

Poppy.

Tulipán.

Tulip.

Tulpe.

Rosa.

Rose.

Rose.

Margarita.

Daisy.

Daisy.

Árbol.

Tree.

Koks.

A mis hijos les gustan subirse a los árboles.

My kids like to climb trees.

Mani berni patik kapt kokos.

Arbusto.

Bush.

Bušs.

Cactus.

Cactus.

Kaktuss.

Maíz.

Corn.

Corn.

Geranio.

Geranium.

Geranium.

Pensamiento.

Pansy.

Atraitnite.

Flor.

Flower.

Ziedu.

Césped.

Grass.

Grass.

Girasol.

Sunflower.

Saulespuku.

Campanilla de invierno.

Snowdrop.

Sniegpulkstenite.

Diente de león.

Dandelion.

Pienenu.

Narciso.

   Daffodil.

      Narcise.

Hiedra.

   Ivy.

      Ivy.

Cardo.

   Thistle.

      Dadzis.

Orquídea.

   Orchid.

      Orhideja.

Campanilla.

   Bluebell.

      Bluebell.

Azafrán.

Crocus.

Crocus.

Clavel.

Carnation.

Carnation.

Crisantemo.

Chrysanthemum.

Krizantemas.

Nomeolvides.

Forget-me-not.

Neaizmirsti mani.

Me encantaría saber el lenguaje oculto de las flores.

I would love to know the secret language of flowers.

Es labprat veletos zinat slepeno valodu ziedi.

Lila.

Lily.

Lily.

Castaño.

Chestnut tree.

Kastanu koku.

Abeto.

Fir.

Fir.

Avellano.

Hazel.

Hazel.

Higuera.

Fig tree.

Viges koks.

Olivo.

Olive tree.

Olive tree.

Peral.

Pear tree.

Bumbieres.

Acebo.

Holly.

Holly.

Ciruelo.

Plum tree.

Plum koks.

Arce.

Maple.

Klava.

Haya.

Beech.

Dižskabardis.

Abedul.

Birch.

Berzs.

Olmo.

Elm.

Elm.

Roble.

Oak.

Ozols

Es un pino muy alto.

This is a very tall pine.

Tas ir loti garš priedes.

Sauce.

Willow.

Willow.

-Astronomía:

  -Astronomy:

  -Astronomy:

La astronomía es mi principal afición.
  Astronomy is my main hobby.
    Astronomija ir mans galvenais hobijs.

Telescopio.
  Telescope.
    Teleskops

Estrella polar.
  Polaris.
    Polaris.

Universo.
  Universe.
    Universe.

Cosmos.

  Cosmos.

    Cosmos.

Espacio.

  Space.

    Space.

Cielo.

  Sky.

    Sky.

Eclipse.

  Eclipse.

    Aptumsums.

Galaxia.

  Galaxy.

    Galaxy.

Vía Láctea.

  Milky Way.

    Piena celš.

Bóveda celeste.
Celestial vault.
Debess velve.

Asteroide.
Asteroid.
Asteroids.

Estrella.
Star.
Star.

Satélite.
Satellite.
Satelitu.

Luna.
Moon.
Moon.

Planeta.

Planet.

Planet.

Sistema solar.

Solar system.

Saules sistema.

Cometa.

Comet.

Kometa.

Sol.

Sun.

Saule

Mercurio.

Mercury.

Mercury.

Venus.

Venus.

Venus.

Mundo.

World.

World.

Marte.

Mars.

Mars.

Júpiter.

Jupiter.

Jupiters.

Urano.

Uranus.

Urans.

Neptuno.

Neptune.

Neptuns

Plutón.

Pluto.

Plutons.

Asteroide.

Asteroid.

Asteroids.

Es un gran misterio el asunto de los agujeros negros.

It's a great mystery the topic about black holes.

Tas ir liels noslepums tema par melnajiem
caurumiem.

Meteorito.

Meteorite.

Meteorits.

Nebulosa.

Nebula.

Miglajs.

-Cultura:

-Culture:

-Culture:

Artista.

Artist.

Makslinieks.

Me gustaría mucho dibujar retratos como éstos.

 I would much rather draw portraits like these.

  Es daudz drizak pieverst portretus, piemeram, šo.

Acuarela.

 Watercolour.

  Akvarelis.

Dibujo.

 Drawing.

  Zimešanas.

La pintura al óleo es la más dificil.

 The oil on canvas are the most difficult.

  Ella uz audekla ir visgrutak.

Pintor.

 Painter.

  Gleznotajs.

Pintura, cuadro.

 Picture.

  Attels.

Lienzo.

Canvas.

Audekls.

Grabado.

Engraving.

Gravešana.

Escultor.

Sculptor.

Telnieks.

Es un escultor con gran estilo.

He is a sculptor with great style.

Vinš ir telnieks ar lielu stilu.

Estatua.

Statue.

Statuja.

Escultura.
Sculpture.
Telnieciba.

Modelo.
Model.
Modelis.

Monumento.
Monument.
Piemineklis.

Obra de arte.
Work of art.
Makslas darbs.

Autor / a.
Author.
Autors.

Escritor / a.
Writer.
Writer.

Autobiografía.

Autobiography.

Autobiografija.

Literatura.

Literature.

Literatura.

Poema.

Poem.

Dzejolis.

Me encantan los poemas románticos del siglo XIX.

I love the romantic poems of the nineteenth century.

Es milu romantisks dzejoli devinpadsmitaja gadsimta.

Poeta / Poetisa.

Poet.

Dzejnieks.

Cuento.

Tale.

Tale.

Libro.

Book.

Gramata.

Novelista.

Novelist.

Rakstnieks.

Novela.

Novel.

Novel.

Es una gran novela de misterio.

It's a great mystery novel.

Tas ir liels noslepums romans.

Novela policíaca.

Detective story.

Detektivs stasts.

Música.

Music.

Muzika.

Melodía.

Melody.

Melodija.

Balada.

Ballad.

Balade.

Acordeón.

Acordeón.

Accordion.

Canción.

Song.

Dziesma.

Orquesta.

Orchestra.

Orchestra.

Quisiera comprarme un bonito piano, mi instrumento musical favorito.

I would buy a nice piano, my favorite musical instrument.

Es varetu nopirkt skaistu klavieres, manu milako muzikas instrumentu.

Piano de cola.

Grand piano.

Fligelis.

Clarinete.

Clarinet.

Klarnete.

Zarzuela.

Operetta.

Operete.

Trompeta.

Trumpet.

Trompete.

Me encanta el sonido del violín.

I love the sound of the violin.

Es milu skanu vijole.

Tenor.

Tenor.

Tenor.

Concierto.

Concert.

Koncerts.

Flauta.

Flute.

Flauta.

Guitarra.

Guitar.

Gitara.

Tambor.

Drum.

Drum.

Jazz.

Jazz.

Jazz.

Sinfonía.

Symphony.

Symphony.

Diseño.

Design.

Dizains.

Historia.

Story.

Stasts.

Podríamos visitar algún monasterio, si es posible.

We could visit a monastery, if it's possible.

Mes varetu apmeklet klosteri, ja tas ir iespejams.

Catedral.
Cathedral.
Cathedral.

Museo.
Museum.
Museum.

Exposición.
Exhibition.
Izstade.

Estilo.
Style.
Stils.

Romanticismo.
Romanticism.
Romantisms.

Clasicismo.

Classicism.

Klasicisms.

Impresionismo.

Impressionism.

Impresionisms.

Surrealismo.

Surrealism.

Sirrealisms.

Realismo.

Realism.

Realisms.

Naturalismo.

Naturalism.

Naturalisms.

-Días festivos:

- Holidays:

- Brivdienas:

Regalo de Navidad.
  Christmas present.
    Ziemassvetku davana.

Adornos de Navidad.
  Christmas decorations.
    Ziemassvetku rotajumi.

Muérdago.
  Mistletoe.
    Amuli.

¿Conoces esa tradición sobre el muérdago?

Do you know the tradition of the mistletoe?

Vai jus zinat tradiciju amuli?

Acebo.

Holly.

Holly.

Flor de Navidad.

Poinsettia.

Poinsettia.

Nochebuena.

Christmas Eve.

Ziemassvetku vakars.

Día de Navidad.

Christmas Day.

Ziemassvetku diena.

Año Nuevo.

New Year.

Jaunais gads.

Nochevieja.
New Year's Eve.
Jaungada vakars.

El día de año nuevo.
New Year's Day.
Jauna gada diena.

Villancico.
Christmas carol.
Ziemassvetku dziesmas.

Los Reyes Magos.
The Three Kings.
Tris Kings.

Un pastel de Navidad.
A Christmas cake.
Ziemassvetku kuka.

Pavo.
Turkey.
Turcija.

Cesta de Navidad.
  Christmas hamper.
    Ziemassvetku kavet.

¡Feliz Navidad!
  Merry Christmas!
    Priecigus Ziemassvetkus!

¡Felices fiestas!
  Season's greetings!
    Sezonas sveicieni!

¡Feliz Navidad y próspero Año Nuevo!
  Merry Christmas and a happy New Year!
    Priecigus Ziemassvetkus un laimigu Jauno gadu!

Papá Noel.
  Father Christmas.
    Ziemassvetku vecitis.

La Noche de Reyes.
  Twelfth Night.
    Divpadsmita nakts.

La comida de Navidad.
 Christmas dinner.
    Ziemassvetku vakarinas.

Has recibido una tarjeta de Navidad.
    You received a Christmas card.
    Jus sanema Ziemassvetku kartinu.

Árbol de navidad.
 Christmas tree.
    Ziemassvetku eglite.

Siempre me gustó montar el pesebre en casa.
   I always liked riding the crib at home.
     Man vienmer patika izjades gultina majas.

-Medios de comunicación:

  -Media:

  -Media:

  -Teléfonos:

  -Phones:

  -Phones:

Teléfono móvil.

  Mobile.

  Mobile.

Necesito encontrar un teléfono público.

  I need to find a public phone.

    Man nepieciešams atrast publisku talruni.

Cabina telefónica.

  Call box , Phone Box.

   Zvans box, Talrunis Box.

  -Cibercafés:

   -Cybercafes:

   -Cybercafes:

Ordenador.

 Computer.

  Dators.

Ordenador portátil.

  Portable computer / Lap Top.

   Portativais dators / Lap Tops.

Noticias.

News.

News.

Módem.

Modem.

Modems.

-Correos:

-Post Mail:

-Post Pasts:

Oficina de correos.

Post office.

Pasts.

Cartero.

Postman.

Pastnieks.

Mensajero.
Messenger.
Kurjers.

Giro postal.
Postal order.
Pasta pasutijumu.

Necesito enviar un telegrama urgente.
I need to send an urgent telegram.
Man ir nepieciešams nosutit steidzamu telegrammu.

Correos y telégrafos.
Post and telegraph office.
Pasta un telegrafa birojs.

Buzón en la calle.
Pillar box, post Box.
Pillar kaste, post Box.

Buzón en la puerta.

Letter box.

Vestulu kastite.

Sellos para franqueo.

Postage stamps.

Pastmarkas.

¿Puedo enviar un fax?

Can I send a fax?

Vai es varu nosutit faksu?

Correo aéreo.

Airmail.

Airmail.

Carta.

Letter.

Vestule.

Carta urgente.
　Express registered.
　　Express registreta.

　-Periódicos:

　　-Newspapers:

　　-Laikraksti:

Periódico, Diario.
　Newspaper.
　　Avize.

Columna de un periódico.
　Column.
　　Kolonna.

Anuncio en un diario.

Advertisement.

Reklama.

Prensa.

Press.

Press.

-Televisión:

-TV:

-TV:

Antena.

Aerial.

Aerial.

Cadena , Canal.

Channel.

Kanalu.

Entrevista.

Interview.

Intervija.

Reportaje.

Report.

Zinojums.

-Radio:

-Radio:

-Radio:

Emisora.

Radio station.

Radiostacija.

Micrófono.

Microphone.

Mikrofons.

-Otros lugares que visitar:

- Other places to visit:

- Citas vietas apmeklet:

-Peluquerías y barberías:

- Hairdressers and barbershops:

- Frizetavas un Frizetavas:

Crema para afeitar.
  Shaving cream.
    Skušanas krems.

Brocha de afeitar.
  Shaving brush.
    Skušanas ota.

Quiero que me afeite la barba.
  I want you to shave off my beard.
    Es gribu, lai jus noskuties off manu bardu.

Jabón para afeitar.
  Shaving soap.
    Skušanas ziepes.

Hojas de afeitar.
  Razor blades.
    Žiletes.

Bigote.
  Moustache.
    Usas.

Peluquería para caballeros.

Barber's shop.

Barber veikals.

Champú.

Shampoo.

Šampuns.

Tinte.

Dye.

Dye.

Permanente.

Perm.

Ilgvilni.

Trenza.

Plait.

Pine.

Colonia.

Cologne.

Cologne.

Haga un buen corte de pelo a mi hijo.

Do a good haircut to my son.

Darit labu frizura manam delam.

Sillón.

Barber's chair.

Barber kresls.

Tijeras.

Scissors.

Škeres.

Salón de belleza.

Beauty parlour.

Skaistumkopšanas salons.

Secador.
  Hairdryer.
    Fens.

Peluquera / o para señoras.
  Hairdresser.
    Frizieris.

Laca.
  Lacquer.
    Lakots.

Gomina.
  Hair dressing , Hair cream.
    Matu merci, matu krems.

¿Tienen un espejo pequeño?
  Do you have a small mirror?
    Vai jums ir mazs spogulis?

Flequillo.
  Fringe.
    Barkstis.

Peinado.
  Hairstyle.
    Frizura.

Peine.
  Comb.
    Kemme.

Tengo un problema de caspa.
  I have a dandruff problem.
    Man ir blaugznas problemu.

Cepillo para el pelo.
  Hairbrush.
    Matu suka.

Depilar las cejas.
  To pluck.
    Raut.

26705664R00042

Printed in Great Britain
by Amazon